NADA TE TURBE

John Kirvan es autor y editor de numerosos libros, entre ellos: *Los inquietos creyentes*. Vive en el sur de California, donde escribe principalmente sobre espiritualidad clásica.

"Los textos de santa Teresa han sido adaptados al inglés moderno desde varias traducciones seleccionadas por el autor con el fin de introducir al lector a la sabiduría de esta Doctora de la Iglesia, y guiarlo por la senda de la perfección propuesta por ella, para los que se disponen a emprender el camino de la oración y llegar a ser amigos fuertes de Dios.

30 días con un Gran Maestro Espiritual

Nada te turbe

Un viaje al centro del alma con Teresa de Ávila

JOHN KIRVAN

SAN PABLO

Distribución San Pablo:

Argentina

Riobamba 230, C1025ABF BUENOS AIRES, Argentina. Teléfono (011) 5555-2416/17.
Fax (011) 5555-2425. www.san-pablo.com.ar – E-mail: ventas@san-pablo.com.ar

Chile

Avda. L. B. O´Higgins 1626, SANTIAGO Centro, Chile. Casilla 3746, Correo 21
Tel. (56) 2-6989145 - Fax (56) 2-6717481. www.san-pablo.cl – E-mail: spventas@san-pablo.cl

Perú

Las Acacias 320 – Miraflores, LIMA 18, Perú.
Tels. Fax: (51) 1-4460017 – E-mail: dsanpablo@terra.com.pe

Kirvan, John
Nada te turbe: un viaje al centro del alma con Teresa de Ávila. - 1ª ed. 6ª reimp.- Buenos Aires: San Pablo, 2006.
208 p.; 15x11 cm.

Traducido por: Rosa Teresa Di Gerónimo
ISBN 950-861-506-0
1. Traducido por: Rosa Teresa Di Gerónimo
CDD 248

Título original: *Let Nothing Disturb You*
Con las debidas licencias / Queda hecho el depósito que ordena la ley 11.723 / © **SAN PABLO**, Riobamba 230, C1025ABF BUENOS AIRES, Argentina. E-mail: director.editorial@san-pablo.com.ar / © original de AVE MARIA PRESS INC., Notre Dame, Indiana, USA / Impreso en Talleres Gráficos D´Aversa e hijos S.A., Vicente López 318/24, B1878DUQ Quilmes, Buenos Aires, Argentina / Industria argentina.

Teresa de Ávila

Nada te turbe,
Nada te espante,
Todo se pasa,
Dios no se muda,
La paciencia
Todo lo alcanza;
Quien a Dios tiene
Nada le falta:
Sólo Dios basta.

EL SEÑALADOR DE TERESA DE ÁVILA

Debe de haber habido muchos días en los que Teresa de Ávila, una de las grandes autoridades de la historia en materia de oración contemplativa, se sentaría o arrodillaría, sin hacer caso del tiempo, en el extático silencio de una celda conventual con vistas a un tranquilo jardín en la España del siglo dieciséis. Pero si lees su autobiografía, y otras narraciones de su vida, comenzarás a preguntarte dónde habrá podido encontrar algún tiempo para rezar o estudiar, dónde pudo hallar el espacio en el cual envolverse en el silencio del cual tan a menudo habla, y ser así alcanzada por un enorme sentido del amor y la presencia de Dios.

Tan presionada estaba, que nos vienen rápida y fácilmente a la memoria comparaciones con las exigencias que viven las mujeres de hoy.

En un período de cerca de veinte años, cuando ella promediaba los cuarenta, escribió cinco clásicos espirituales entre los que se cuentan su *Autobiografía*, el *Camino de perfección* y el

Castillo interior. En ese mismo período, llevó a cabo una difícil reforma de la vida religiosa de la Orden Carmelita, largamente establecida, que le demandó intensos viajes. Todo esto requería extraordinario valor espiritual y liderazgo. Pero, además, tuvo que sumergirse, no sólo en los detalles materiales más básicos de la vida cotidiana del Carmelo, sino también en la exasperante política civil y eclesiástica de más de una docena de conventos femeninos y dos masculinos.

La mayoría de las veces, Teresa llevó a cabo este programa enfrentando enérgica oposición –incluso pleitos– de parte de las autoridades, tanto locales como de los más altos niveles religiosos, y aun de los "vecinos", quienes eran, a menudo, reacios al establecimiento de nuevas casas religiosas en su área. Se suma a todo esto el hecho de que nunca gozaba de buena salud, ya que, de adulta, continuó sufriendo secuelas de enfermedades juveniles. En su temprana edad, había pasado cuatro días en coma y casi tres años paralítica.

Teresa intentó instaurar una vida monástica adecuada a quienes, como ella, buscaban seguir "un camino más perfecto" del que se practicaba en la vida conventual de su tiempo. Podríamos preguntarnos qué fue lo que la sostuvo a través de todas las dificultades que enfrentó. Su propia respuesta es: la oración –oración donde parece imposible, oración donde los demás intentan por todos los medios disuadirte, y quitarte tu confianza en ella; oración cuando no estás seguro de estar siendo conducido por Dios o por un demonio. Por cada persona que le decía a Teresa que estaba siendo bendecida por Dios, había alguien de igual autoridad diciéndole que sus experiencias eran obra de Satanás. Pero ella nunca dejó de orar. De hecho, su enseñanza espiritual estuvo basada en dos metáforas de alto alcance, significativas para la vida de oración.

Su primera metáfora nos conduce hacia la imagen de las diversas maneras en que se puede regar un jardín. Teresa compara los primeros estados de oración –nuestros primeros intentos por quitarnos de encima el pecado y comenzar a meditar–, con el gran esfuerzo requerido para sacar el agua de un pozo, con un balde, y cargarlo sobre nuestros hombros. Al ir madurando nuestra vida de oración, entramos en una fase que ella llama oración de quietud, un estado regalado en el cual experimentamos a Dios como activo, mientras nosotros somos más pasivos. Ya no nos esforzamos por llevar el agua, es como si se sacara con un torno, o bomba; con menos trabajo se extrae más. En el estadio siguiente, un período de sequedad, descubrimos que no necesitamos traer el agua desde lejos, sino que ha habido un río o arroyo escondido, presente desde el principio, con cuya agua podemos regar nuestro jardín. Y en nuestro estado final de crecimiento, tenemos la experiencia de Dios derramando su gracia sobre nosotros, uniéndonos a su propia vida divina. Es como si una lluvia generosa cayera sobre nosotros.

La segunda metáfora de Teresa considera a nuestra alma como un castillo interior, en el centro del cual habita la Santísima

Trinidad. El crecimiento en la oración nos permite entrar en una intimidad con Dios cada vez más profunda –significada por un viaje progresivo a través de las habitaciones (o moradas) del castillo, desde las secciones más exteriores hacia el centro luminoso. Cuando hemos alcanzado la unión con Dios en el grado máximo posible en esta vida, hemos llegado al centro de nosotros mismos: nos integramos como seres humanos y como hijos de Dios. Cada una de las moradas representa un estado diferente en la evolución de nuestra vida de oración, y a medida que entramos en cada nueva morada, experimentamos los efectos de este nuevo nivel en cada fase de nuestra vida.

Ambas metáforas nos recogen al comienzo de nuestra búsqueda de unión con Dios, y ninguna de ellas se detiene hasta llegar a la más perfecta unión posible en esta vida, unión con la divinidad.

Pero, por más extraños e inusuales que resulten su experiencia y sus escritos; por más elevadas y aparentemente exóticas que sean sus expectativas, la vida espiritual de Teresa, su ejemplo y enseñanza, estuvieron enraizados en algunas verdades muy básicas. Éstas también se aplican a nosotros, por más primitivos y tambaleantes que sean nuestros esfuerzos espirituales, y por más limitada que sea nuestra visión.

No importa lo que suceda, no dejes de rezar.

Nunca olvides que no hay dos personas que recorran exactamente el mismo camino espiritual.

Y, como Teresa acostumbraba recordarnos, no esperes un viaje fácil. Reflexionando sobre el sendero difícil que Jesús anduvo, y sobre sus propias pruebas, se cuenta que ella le ha dicho a Dios: "Si éste es el modo en que tratas a tus amigos, ¡con razón tienes tan pocos!".

Este pequeño libro no es un compendio teológico o histórico, ni una guía hacia las teorías espirituales de Teresa. Es una serie de meditaciones extraídas de sus diversas obras, escritas en tiempos difíciles de su vida. Cada una de estas meditaciones busca sustanciar la sabiduría espiritual de su consejo de que nada nos turbe –especialmente en nuestros intentos de orar y de encontrar nuestro camino propio, especial. Nos centraremos, no tanto en las grandes metáforas de sus obras mayores, sino en las verdades de base que iluminan el viaje hacia el centro del alma: la suya y la nuestra.

Cómo orar con este libro

El propósito de este libro es abrirte una puerta, para acceder a la experiencia y sabiduría de una de las más importantes maestras espirituales de la historia, Teresa de Ávila. No es un libro para la simple lectura. Te invita a meditar y rezar sus palabras por un período de treinta días. Es un manual para un viaje espiritual.

Antes de que leas las "reglas" para emprender este viaje, recuerda que la intención de este libro es liberar tu espíritu, no limitarlo. Si la meditación de algún día no tiene resonancias para ti, busca en otro lugar un pasaje que parezca ajustarse mejor al espíritu de tu día y al estado de tu alma. No dudes en repetir un día tantas veces como quieras, hasta que sientas que has descubierto lo que el Espíritu Santo, a través de las palabras del autor, tiene que decirle a tu espíritu.

Aquí hay algunas sugerencias sobre el modo de usar este libro como piedra angular de tus oraciones.

Cuando tu día comienza

Cuando el día comienza, reserva un momento de calma, en un lugar tranquilo, para leer la meditación sugerida para el día.

El pasaje es corto. Nunca lleva más de doscientas palabras, pero ha sido cuidadosamente seleccionado para darle un foco espiritual, un centro espiritual a tu día entero. Está diseñado para recordarte, al comenzar otro día, tu propia existencia a un nivel espiritual. Intenta ponerte en la presencia del maestro espiritual que es tu compañero y guía en este viaje. Pero más que nada, el propósito de este pasaje es recordarte que, en este momento, y en cada momento durante el día, estarás viviendo y actuando en la presencia de Dios, quien te invita continua, pero calladamente, a vivir en y a través de él.

Un consejo: lee despacio. Muy despacio. Para facilitarte la lectura, la meditación, ha sido dividida en líneas de sentido. No leas para llegar al final, sino saborea cada parte de la meditación. Nunca sabes qué frase corta, qué palabra desencadenará una respuesta en tu espíritu. Dale a las palabras una oportunidad. Después de todo, no estás sólo leyendo este pasaje, también lo estás rezando. Estás estableciendo un sentimiento de serenidad para tu día entero. ¿Cuál es el apuro?

A lo largo del día

Luego de la lectura del día, encontrarás una única oración que llamamos "mantra", palabra tomada de la tradición hindú. Esta frase está pensada como una compañera para tu espíritu, a lo largo de todo el día. Escríbela en una tarjeta de 8 x 15 cm, o en una página de tu agenda. Mírala tan a menudo como puedas. Repítela tranquilamente para ti mismo, y sigue tu camino.

Su intención no es detener tu marcha, ni distraerte de tus responsabilidades, sino recordarte simple y suavemente, la presencia de Dios, y tu deseo de responder a ella.

Cuando tu día termina

Éste es un tiempo para dejar que el día se vaya.

Encuentra un lugar tranquilo, y aquieta tu espíritu. Respira profundamente. Inhala, exhala despacioso, una y otra vez, hasta que sientas que tu cuerpo libera sus tensiones.

Ahora lee la oración de la tarde lentamente, frase por frase. Te darás cuenta enseguida de que hemos tomado una de las oraciones más familiares de la tradición cristiana, y hemos entretejido en ella frases tomadas de la meditación con la cual comenzaste tu día, y el mantra que te ha acompañado a lo largo de toda la jornada. De esta manera, una simple oración vespertina resume el carácter espiritual del día que ahora está acabando, tal como empezó: en la presencia de Dios.

Es un tiempo de resumen y cierre.

Invita a Dios a abrazarte con amor, y a protegerte durante la noche.

Que descanses.

Algunas otras maneras de usar este libro

1. Puedes usarlo del modo que tu espíritu te sugiera. Como mencionamos anteriormente, saltea un pasaje que no tiene resonancias para ti en un día determinado, o repite uno o varios días, un pasaje cuya riqueza te impacte. Las verdades de una vida espiritual no se absorben en un día, ni siquiera en la vida entera. Por lo tanto, tómate tu tiempo. Sé paciente con el Señor. Sé paciente contigo mismo.

2. Toma dos pasajes y/o sus mantras –cuanto más contrastantes mejor– y compáralos. Pasa un tiempo descubriendo cómo sus similitudes o diferencias iluminan tu camino.
3. Comienza un diario espiritual, para registrar y profundizar tu experiencia de este viaje de treinta días. Usando, ya sea el mantra, u otra frase de la lectura que te haya atraído, escribe una relación de tu día, una reflexión espiritual. Crea tu propia meditación.
4. Únete a millones de personas que están buscando profundizar su vida espiritual asociándose a otros para formar grupos pequeños. Cada vez más gente está haciendo esto, justamente, para sostenerse unos a otros en su búsqueda. Procuren encontrarse una vez por semana o, al menos, cada dos semanas, para hablar y rezar acerca de las meditaciones. Hay muchos libros y guías disponibles para ayudar a que un grupo sea eficaz.

*Treinta días con
Teresa de Ávila*

Día uno

Mi día comienza

Una vida entera es corta,
y, a veces, muy corta, realmente.
¿Y qué sabemos
si la nuestra no será tan corta,
como para que se acabe
a partir de una hora o momento
en que nos determinemos
a darnos del todo a Dios?

Sería muy posible,
porque no podemos
depender de algo que pasa,
y de la vida, mucho menos,
pues no hay día seguro.

Podemos estar entre aquellos que,
aunque muy sumergidos en el mundo,
tienen un profundo deseo
de hacer lo que es justo,
y, alguna vez, cada tanto,
nos encomendamos
al cuidado de nuestro Señor,
y consideramos quiénes somos.

Rezamos unas pocas veces por mes,
aunque nuestras mentes estén ocupadas

de mil otros asuntos y negocios,
porque estamos tan asidos a ellos,
que "adonde está tu tesoro,
allí estará también tu corazón".

Necesitamos,
de vez en cuando,
dejar de lado nuestras preocupaciones diarias
y reflexionar sobre el estado de nuestra alma.

Necesitamos retirarnos
algunas veces,
de todos los cuidados
y asuntos innecesarios.

A lo largo del día

La vida es corta.
No puedo depender de algo que pasa.

Mi día está terminando

Señor,
que nada turbe
el silencio de esta noche.

Que nada me espante.

Porque, aunque la vida es corta,
y podría terminar
antes de que despierte,
si pongo toda mi confianza en ti,
y no en cosas pasajeras,
no debo preocuparme.

Permíteme ahora,
en estos momentos
en que el día muere,

dejar de lado mis preocupaciones,
y reflexionar sobre el estado de mi alma.
Aunque esté muy sumergido en el mundo,
albergo un profundo deseo
de hacer lo que es justo,
y de encomendarme
completamente
a tu cuidado.
Porque si te tengo a ti, Dios,
nada me faltará.
Sólo tú bastas.

Día dos

Mi día comienza

Entendemos que el Señor nos llama
y nos promete su paz,
aunque estemos
todavía atrapados
en nuestros pasatiempos y negocios
y encantados con el mundo.
Pero, nuestro Señor desea tanto
que lo amemos
y procuremos su compañía,

que, una vez u otra
no nos deja de llamar
para que nos acerquemos a él.

No nos desconsolemos
aunque no respondamos enseguida al Señor,
que bien sabe él
aguardar muchos días y años,
en especial
cuando ve perseverancia y buenos deseos.

Lo más necesario aquí
es la perseverancia.

¡Qué gran necesidad tenemos
de la misericordia de Dios
para no abandonar lo comenzado,
para que no dejemos de perseverar

en nuestro deseo de responder
a la invitación de Dios a la paz!

Necesitamos perseverar
en nuestro deseo de amar al Señor
y en nuestros intentos de convertirnos a él,
que tantas pruebas de amor nos ha dado,
especialmente su constante,
perseverante presencia en nuestra alma.

Este amante fiel nunca se aparta de nosotros,
acompañándonos, dándonos vida y ser.

Aunque vivamos muchos años,
no podemos cobrar mejor amigo que Dios,
Quien, aun en esta vida,
nos concede una paz mucho más grande
de la que somos capaces de desear.

A lo largo del día

Dios está dispuesto a esperarme
muchos días, aun muchos años.

Mi día está terminando

Señor,
que nada turbe
el silencio de esta noche,
que nada me espante.
Te escucho, oh Señor,
llamándome
y prometiéndome tu paz,
aun cuando
yo esté todavía atrapado
en los placeres y vanidades
de este mundo.
Pero tú deseas tanto
que te ame,

y procure la paz de tu compañía,
que, de un modo u otro,
no me dejas de llamar.

Tú me has esperado ansiosamente
muchos días, y aun muchos años.

He sido, lo sé, lento para responder,
inhábil y poco dispuesto
para cumplir enseguida tus mandatos.
Pero no debo desconsolarme
si tú puedes encontrar en mi corazón
perseverancia y deseos
de responder a tu llamado de paz.

Porque si te tengo a ti, Dios,
nada me faltará.
Sólo tú bastas.

Día tres

Mi día comienza

Bien creo que favorece el Señor mucho
a quien se decide
a emprender grandes cosas por su amor,
y no les falla jamás a quienes confían en él,
a quienes se encomiendan a él.

Esto no significa
que estoy exento de hacer cosas por autoayudarme,
y que encomendandome a él,
estaré libre de toda ansiedad.

Es bueno rodearse de gente
que nos ayude a creer en esto.

Reunirse con aquellos que se esfuerzan
en amar, servir y confiar en Dios.

Procura a aquellos que
desean hacer grandes cosas
para el Señor y que
depositan toda su confianza en él.

Búscalos, como hago yo,
y descubrirás
que son una gran ayuda para ti,
como lo son para mí.

Evita a los temerosos,
que parecen estar haciendo sólo
esfuerzos poco convincentes

para ayudarse a sí mismos,
y que ponen sólo a medias
su confianza en Dios.

En cuanto a ti,
"No te preocupes
por lo que vas a comer o a vestir",
sino deja ese cuidado a Dios,
que lo tendrá siempre.

Que el Señor te conceda,
como me ha concedido a mí,
el don de la libertad
de toda inquietud.

A lo largo del día

**No te preocupes
por lo que vas a comer o a vestir,
sino deja ese cuidado a Dios.**

Mi día está terminando

Señor,
que nada turbe
el silencio de esta noche,
que nada me espante.

Confírmame
al fin de este día
que tú me ayudarás,
como ayudas a todos aquellos
que emprenden grandes cosas por tu amor.

Tú nunca fallas
a quienes te sirven,
a aquellos que confían en ti.

No me preocuparé,
con tu ayuda,
acerca de lo que voy a comer o a vestir,
sino que te dejaré
ese cuidado a ti, Dios.

Concédeme,
como le concediste a Teresa,
el don de la libertad
de toda inquietud.

Porque si te tengo a ti, Dios,
nada me faltará.

Sólo tú bastas.

Día cuatro

Mi día comienza

No puedo entender
qué es lo que temen algunos
para ponerse en el camino
de la perfección.
El que te ama de verdad,
Bien mío,
seguro va
por camino ancho y real,

lejos está el despeñadero,
no ha tropezado un poquito,
cuando tú le das,
Señor, la mano.

No basta una caída ni muchas,
si se tiene amor a ti,
y no a las cosas de este mundo,
para llegar a la perdición.

Transita por el valle de la humildad.

El Señor,
nos dé a entender
cuán mala es la seguridad
en tan manifiestos peligros,
cuando seguimos a la multitud,
y cómo es la verdadera seguridad

cuando procuramos avanzar
en el camino de Dios.
Debemos fijar los ojos en nuestra meta
y no sentir miedo
de que se ponga este Sol de Justicia,
y nos deje caminar de noche
para que nos perdamos,
si primero no lo abandonamos a él.

A lo largo del día

Quien verdaderamente ama a Dios
viaja con seguridad.

Mi día está terminando

Señor,
que nada turbe
el silencio de esta noche.

Que nada me espante
de ponerme en el camino
de la perfección.

Si verdaderamente
te amo, mi Dios,
iré seguro por un camino
ancho y real,
lejos de cualquier despeñadero.

Si tropiezo un poquito,
tú estarás allí, lo sé,

para darme la mano
antes que caiga totalmente.

Recuérdame de nuevo,
al final de este día,
cuán inseguro estoy,
si sigo a la mayoría de la gente,
si estoy verdaderamente seguro
y si procuro avanzar
en tu camino.

Porque si te tengo a ti, Dios,
nada me faltará.

Sólo tú bastas.

Día cinco

Mi día comienza

Si uno no está perfecto,
se requiere más ánimo para
andar el camino de perfección,
que para ser mártires,
porque la perfección
no se alcanza en breve.
Aún no tienen vencidas las pasiones y se espera,
por el mismo hecho

de que buscan amar a Dios,
que, en grandes ocasiones
estén tan enteros como los santos.

Es para alabar al Señor lo que en esto pasan,
y aun para lastimar el corazón;
porque muy muchas almas se tornan hacia atrás,
pues no saben las pobrecitas valerse.

Creo se engañan aquí muchas almas
que quieren volar antes que Dios les dé alas.

Como comienzan con grandes deseos y fervor
y determinación de ir adelante en la virtud,
y algunos lo dejan todo por él,
como ven en otras personas, que son más crecidas,
cosas muy grandes de virtudes que les da el Señor,
que no las podemos nosotros tomar;

y ven en todos los libros,
que están escritos de oración y contemplación,
poner cosas que hemos de hacer
para subir a esta dignidad,
que ellos no las pueden luego acabar consigo,
se desconsuelan.

No se fatiguen, esperen en el Señor,
que lo que ahora tienen en deseos,
su Majestad hará que lleguen a tenerlo por obra,
con oración y haciendo de su parte lo que es en sí;
porque es muy necesario
para ésta, nuestra debilidad natural
tener gran confianza y no desmayar,
ni pensar que, si nos esforzamos,
dejaremos de salir victoriosos.

A lo largo del día

Que yo no trate de volar
antes que Dios me dé alas.

Mi día está terminando

Señor,
que nada turbe
el silencio de esta noche.

Que nada me espante.

Especialmente
cuando este día acaba,
recuérdame
que la perfección no se alcanza
de la noche a la mañana.

Sé que si deseo hacer tu voluntad,
oh Señor,
si rezo y espero en ti,

y hago de mi parte lo que es en mí,
tú obrarás en mi alma todo lo que deseas.

Es muy necesario
para mi débil naturaleza
tener gran confianza y no desmayar
ni pensar que, si me esfuerzo,
dejaré de salir victorioso.

Volaré,
pero no antes de que tú me des alas.

Concédeme paciencia.

No dejes que me vuelva atrás ahora.

Porque si te tengo a ti, Dios,
nada me faltará.

Sólo tú bastas.

Día seis

Mi día comienza

Sólo dos cosas nos pide el Señor:
amor de Dios
y amor del prójimo.

Éstas son las dos virtudes
en las que debemos trabajar.

Conservándolas con perfección
hacemos su voluntad,
y así estaremos unidos a él.

La señal más certera
de que guardamos estas dos cosas,
es guardando bien
la del amor del prójimo;
porque
si amamos a Dios
no se puede saber,
mas el amor del prójimo, sí.

Si no amamos a nuestro prójimo,
nos engañamos a nosotros mismos,
si creemos que amamos a Dios.

Y estén ciertos que
mientras más aprovechados se vieren
en el amor del prójimo,
más lo están en el amor de Dios.

Pidan a nuestro Señor
que les dé con perfección
este amor del prójimo,
que él les dará más de lo que sepan desear.

Dios insistirá en que ustedes olviden su propio bien
por el de los demás,
y procuren tomar trabajo por quitárselo a los otros.

No piensen que no ha de costar algo,
y que lo han de hallar hecho.

Miren lo que costó a nuestro Señor
el amor que nos tuvo,
que por librarnos de la muerte,
la murió tan penosa
como muerte de cruz.

A lo largo del día

Ama a tu prójimo
como a ti mismo.

Mi día está terminando

Señor,
que nada turbe
el silencio de esta noche.

Que nada me espante.

Déjame despertar renovado,
dispuesto a amar
y cuidar a mi prójimo
como tú me has amado
y cuidado, y como en realidad me amo
y cuido a mí mismo.

Porque si no amo a los otros,
no puedo engañarme creyendo
que te amo a ti.

Ahora que este día acaba,
sé que estoy muy lejos
de un amor así.

Pero escucha mi oración.

Cuando vea a otros,
haz que te vea a ti.

Haz que les muestre
la misma reverencia y respeto
que debería tenerte a ti.

Si los amo a ellos,
te amaré a ti
y nada me faltará.

Día siete

―――――◄◄◊►►―――――

Mi día comienza

No tienen por qué ser tímidos con Dios
como ciertas personas,
que piensan que eso es humildad.
La humildad no está
en que si el rey les hace una merced
no hay que aceptarla,
sino que hay que aceptarla
y entender
cuán sobrada les viene

y deleitarse con ella.

¡Donosa humildad,
que me tenga yo al Emperador
del cielo y de la tierra
en mi casa, que se viene a ella por hacerme merced
y por holgarse conmigo,
y que por humildad
ni le quiera responder
ni estarme con él, ni tomar lo que me da,
sino que lo deje solo,
y que estándome diciendo y rogando le pida,
por humildad me quede pobre y aun le deje ir
de que ve que no acabo de determinarme!

No tengan nada que ver
con esa clase de humildad,

sino traten con Dios
como con un padre y como con un hermano
y como con un señor
y como con un esposo,
a veces de una manera, a veces de otra,
que él les enseñará lo que han de hacer para contentarlo.

Déjense de ser bobos;
pídanle la palabra,
es el esposo de sus almas,
que los trate como tales.
Miren que les va mucho
tener entendida esta verdad:
que está el Señor dentro de nosotros
y que allí nos estemos con él.

A lo largo del día

No seas tímido con Dios.

Mi día está terminando

Señor,
que nada turbe
el silencio de esta noche.

Que nada me espante.

Porque tú estás conmigo
y yo estoy contigo.

Que no me intimide tu presencia.

Más bien, deja que hable contigo
en confidencia, confianza y amor.

Porque tú eres mi Padre y Madre,
mi Hermano y Hermana,
mi Señor, mi Esposo.

En cualquier modo que te agrade,
enséñame qué debo hacer
para complacerte.

Por más indigno que sea,
humildemente te pido
que llenes esta noche
con los dones de tu amor,
con el don de ti mismo.

Porque si te tengo a ti, Señor Dios,
nada me faltará.

Sólo tú bastas.

Día ocho

Mi día comienza

Rezamos:
Padre nuestro,
"que estás en el cielo".
¿Piensan que importa poco
saber qué cosa es cielo y
dónde buscaremos a nuestro sacratísimo Padre?
Importa mucho, no sólo creer esto,
sino procurar entenderlo por experiencia,
porque es una de las cosas

que ata mucho el entendimiento
y hace recoger el alma.

Ya saben que Dios
está en todas partes,
y esto es gran verdad.

Pues claro está
que donde está Dios es el cielo.

Sin duda lo pueden creer,
que donde está Su Majestad está toda la gloria.

Pues miren que dice san Agustín
que lo buscaba en muchas partes
y que lo vino a hallar dentro de sí.

¿Piensan que importa poco
para un alma derramada
entender esta verdad,

y ver que para hablar con su Padre eterno
y para regalarse con él,
no necesita ir al cielo
ni hablar a voces?

Por despacio que hablemos,
Dios está tan cerca que nos oirá.

Ni necesita alas para ir a buscarlo,
sino ponerse en soledad,
y mirarlo dentro de sí,
y no extrañarse de tan buen huésped;
sino con gran humildad
hablarle como a un Padre, pedirle como a un Padre,
contarle sus trabajos, pedirle remedio para ellos,
entendiendo que no es digno de ser su hijo.

A lo largo del día

Por más despacio que hable,
Dios escucha.

Mi día está terminando

Señor,
que nada turbe
el silencio de esta noche.

Que nada me espante.

Aquí en la oscuridad,
recuérdame
que para hablarte a ti,
mi Padre eterno,
y deleitarme contigo,
no necesito ir al cielo
ni hablar a voces.

Por despacio que hable,
estás tan cerca
que me escucharás.

No necesito alas
para ir a buscarte,
sino sólo tengo que entender
que la quietud de esta noche
es un lugar donde puedo
ponerme en soledad
y mirarte dentro de mí.

Porque si te tengo a ti,
mi Dios,
nada me faltará.

Sólo tú bastas.

Día nueve

Mi día comienza

Estamos muy lejos de considerar altamente
la grandeza y la hermosura de nuestra alma,
en la cual Dios se deleita.

Cada uno de nosotros tiene un alma,
pero no nos damos cuenta de su valor
como hecha a imagen de Dios;
por lo tanto no llegamos a entender
los grandes secretos que contiene.

Si bien lo consideramos,
no es otra cosa el alma del justo
que un paraíso en el cual Dios se deleita.

Consideremos nuestra alma como un castillo,
todo de un diamante o muy claro cristal,
adonde hay muchos aposentos
así como en el cielo hay muchas moradas:
unas en lo alto, otras en lo bajo, otras a los lados;
y en el centro y mitad de todas éstas
está la principal,
que es donde pasan las cosas de mucho secreto
entre Dios y el alma.

¿Qué tal les parece será el aposento
donde un Rey tan poderoso, tan sabio, tan limpio,
tan lleno de todos los bienes se deleita?

No hallo yo cosa con qué comparar
la gran hermosura de un alma
y la gran capacidad,
y verdaderamente apenas pueden llegar
nuestros entendimientos
–por agudos que fuesen–
a comprenderla,
así como no pueden llegar a considerar a Dios,
pues él mismo dice que nos creó
a su imagen y semejanza.

A lo largo del día

Tú te deleitas en mi alma.

Mi día está terminando

Señor,
que nada turbe
el silencio de esta noche.

Que nada me espante.

Al contrario,
al descender la oscuridad
y acabar este día,
haz que me recoja en el centro mismo de mi ser,
en mi alma,
la cual tú,
mi Padre celestial,
has creado a tu propia imagen y semejanza,
y a la cual has elegido como tu morada.

Hazme consciente de tu presencia
y de que estoy hecho
a semejanza tuya.

Hablemos juntos
en el silencio de la noche.

Si realmente mi alma
es un paraíso
en el que tú te deleitas,
haz que yo encuentre
mi deleite en tu presencia.

Porque si te tengo a ti, Dios,
nada me faltará.

Sólo tú bastas.

Día diez

Mi día comienza

Pienso a menudo
en las palabras de san Pablo:
"todo es posible para Dios".

Al comenzar su viaje
ningún caso hagan de los miedos
que les ponga la gente, ni de los peligros que les pinten.

¡Donosa cosa es que quiera yo ir
por un camino adonde hay tantos ladrones

sin peligros
y a ganar un gran tesoro!

El mundo cree que la felicidad consiste
en viajar pacíficamente por la vida.

Pero para ganar un peso extra
se pondrán a no dormir muchas noches,
y a desasosegar cuerpo y alma.

Ustedes están viajando por camino real,
y por camino seguro, por el que fue
Cristo, nuestro Emperador,
por el que fueron todos sus escogidos y santos.

Dejen de lado los temores
que el mundo quiera imponerles.

No tengan en cuenta la opinión de la mayoría.

No son tiempos de creer a todos,
sino a los que van conforme
la vida de Cristo.

Procuren tener limpia conciencia,
humildad,
menosprecio de todas las cosas del mundo,
y a buen seguro que van por buen camino.

Si Dios está contento con ustedes,
cualquiera que los resista
—no importa quiénes puedan ser—
quedarán totalmente contrariados.

A lo largo del día

Todo es posible en Dios.

Mi día está terminando

Señor,
que nada turbe
el silencio de esta noche.

Que nada me espante.

Silencia las voces
que pudieran desalentarme
de seguir el camino real
de la perfección
por el que fue tu propio Hijo,
y por el que fueron todos los santos.

Mi felicidad no consistirá
en días pacíficos, sin problemas,
sino en la valentía

de seguir tu voluntad
dondequiera que ésta
me pueda llevar.

En tus palabras,
y no en la opinión de la mayoría,
encontraré mi camino.

Habrá riesgos,
pero si te tengo a ti,
Señor Dios,
todo es posible.

Nada me faltará.

Sólo tú bastas.

Día once

Mi día comienza

Cuando oren,
pueden representarse delante de Cristo,
y acostumbrarse a enamorarse mucho
de su sagrada humanidad,
y traerlo siempre consigo
y hablar con él,
pedirle por sus necesidades
y quejársele de sus trabajos,

alegrarse con él en sus contentos
y no olvidarlo por ellos.

Nunca dejen
que el gusto que encuentren en estos dones
les haga olvidar a quien se los da.

Pero esto puede no suceder,
no estén ansiosos.

No procuren oraciones compuestas,
sino palabras conforme a sus deseos y necesidad.

Es una excelente manera de aprovechar y muy breve.

Pero no se les vaya todo el tiempo en esto;
porque, no les parece
—como es oración sabrosa—
que ha de haber día de domingo,
ni rato que no sea trabajar.

Represéntense delante de Cristo,
y sin cansancio del entendimiento
se estén hablando y regalando con él,
sin cansarse en componer razones,
sino presentar necesidades
y la razón que tiene para no sufrirnos allí.

Lo uno un tiempo y lo otro, otro;
porque no se canse el alma
de comer siempre un manjar.

A lo largo del día

No seas ansioso.

Mi día está terminando

Señor,
que nada turbe
el silencio de esta noche.

Que nada me espante.

Ahora que este día acaba
y yo reclamo tu presencia,
no dejes que esté ansioso
acerca de lo que voy a decirte.

Sé que no necesito
procurar oraciones compuestas.

Tú escucharás las palabras que yo tenga,
conforme a mis deseos y necesidad.

No necesito quedar exhausto
invocando tu presencia,
ni cansar mi entendimiento
componiendo discursos para ti.

Deja que simplemente
te pida por mis necesidades,
y me queje ante ti
de mis trabajos,
pero que también me alegre
contigo en mis contentos,
sin olvidarte por ellos.

Porque si te tengo a ti, Dios,
nada me faltará.

Sólo tú bastas.

Día doce

Mi día comienza

Que el Señor les haga gustar
el gozo increíble de la unión plena.
Nada de lo que el mundo pueda darnos,
ni riquezas, ni señoríos, ni honras, ni deleites
puede compararse con la felicidad de un solo momento
vivido por un alma totalmente unida a Dios.
Ni puede dolor o sufrimiento terreno,
esfuerzo o intento de nuestra parte,

ganar un toque tan amante,
una unión tan completa,
una experiencia de amor tan profunda.

No podemos, de hecho, ganar una sola hora
del gusto, suavidad y deleite
que Dios puede traer a nuestra alma.

Traigo yo delante muchas veces lo que dice san Pablo,
que "los sufrimientos del tiempo presente
no pueden compararse con la gloria que esperamos",
y lo de san Agustín: "Dame, Señor, lo que me mandas,
y manda lo que quisieres".

Mi misericordioso y bondadoso Señor,
¿qué más podría pedirte en esta vida,
que estar tan cerca de ti que no haya separación
entre tú y yo?

Unido a ti, ¿qué podría ser dificultoso?
Contigo tan cerca,
¿qué no podría acometer por tu amor?
¿Qué soy yo sin ti?
Si no estoy cerca de ti,
¿qué valgo?
Si alguna vez me apartara de ti,
aun un corto trecho,
¿cómo podría encontrarme a mí mismo?
Con san Agustín, oro fervientemente:
"Dame lo que mandas,
y manda lo que quisieres".
No te volveré la espalda,
con tu gracia y favor.

A lo largo del día

¿Qué soy yo sin ti, Señor?

Mi día está terminando

Señor,
que nada turbe
el silencio de esta noche.

Que nada me espante.

Cualquier cosa que este día me haya traído,
gozo y satisfacción,
o dolor y frustración,
estas cosas no pueden compararse
con la gloria que esperamos.

Mi misericordioso
y bondadoso Señor,
¿qué más podría pedirte
en esta vida

que estar tan cerca de ti
que no haya separación entre tú y yo?
Con san Agustín, oro fervientemente:
"Dame, Señor,
lo que me mandas,
y manda lo que quisieres".
Porque, ¿qué soy yo sin ti?
Si no estoy cerca de ti, ¿qué valgo?
Si me apartara de ti,
aun una corta distancia,
¿cómo podría
encontrarme a mí mismo?
Pero si te tengo a ti, Dios,
nada me faltará.
Sólo tú bastas.

Día trece

Mi día comienza

Me dijo el Señor:
"¡Ay, hija, qué pocos
me aman de verdad!,
que, si me amasen,
no les encubriría yo mis secretos.
¿Sabes qué es amarme de verdad?
Entender que es mentira
todo lo que no es agradable a mí".

Veo ahora que es una gran bendición
no conceder importancia
a algo que no sea verdad,
cualquier cosa que no sea grata a mi Señor.

Me parece ahora
vanidad y mentira
lo que yo no veo va guiado
al servicio de Dios.

Quedé con grandísima fortaleza
para cumplir con todas mis fuerzas
la más pequeña parte de la Escritura divina.

Paréceme que ningún obstáculo se me pondría delante
que no superase,
en mi deseo de vivir en la verdad,
y de no hablar sino cosas muy verdaderas.

Entendí el gran bien que hay en no hacer caso de cosa
que no sea para llegarnos más a Dios,
y así entendí qué cosa es andar un alma en verdad
delante de la misma Verdad.

Esta verdad que digo
es en sí misma Verdad,
y es sin principio ni fin,
y todas las demás verdades
dependen de esta Verdad,
como todos los demás amores dependen de este Amor,
y todas las demás grandezas,
de esta Grandeza.

Porque se reduce a esto:
El Señor es la misma Verdad.

Todo lo demás es mentira.

A lo largo del día

No hay obstáculo
que no pueda superar.

Mi día está terminando

Señor,
que nada turbe
el silencio de esta noche.

Que nada me espante.

Concédeme descansar
en el conocimiento de que
no hay obstáculo a tu amor
que no pueda ser superado,
si simplemente acepto tu invitación
de andar en la verdad
delante de ti, que eres la misma Verdad.

De ti dependen todas las demás verdades,
así como dependen de ti todos los demás amores,

y todas las demás grandezas,
de tu Grandeza.

Ahora que la oscuridad desciende,
concédeme una noche tranquila.

Pon tu verdad en mis labios
y en mi corazón.

Porque se reduce a esto:
Tú, Señor, eres la misma Verdad.

Todo lo demás es mentira.

Si hablo tu verdad,
Oh Señor Dios,
nada me faltará.

Sólo tú bastas.

Día catorce

Mi día comienza

Permítanos aprender de esto,
mis hermanos y hermanas,
que, para conformarnos
con nuestro Dios en algo,
debemos esforzarnos por caminar
en esta verdad.

No digo sólo
que no digamos mentira,

sino que andemos en verdad
delante de Dios y de las gentes,
en especial
no queriendo que nos tengan
por mejores de lo que somos,
y en nuestras obras
dando a Dios lo que es suyo,
y a nosotros lo que es nuestro,
y procurando sacar
en todo la verdad,
y así tendremos en poco este mundo,
que es todo mentira y falsedad
y, como tal, no es durable.

Dios nos conceda la gracia
de no salir jamás de este propio conocimiento.

Si todo lo aborrecemos por Dios:
honras, haciendas y deleites,
y nos abrazamos con la cruz,
y tratamos de servir
al Señor de verdad,
huye el demonio de estas verdades
como de pestilencia.
Es amigo de mentiras, y la misma mentira.
No hará pacto con quien anda en verdad.
Hablemos sólo lo que es
perfectamente verdad,
y, al hacerlo,
alcemos nuestra mirada a la misma verdad,
esto es, hacia Dios.

A lo largo del día

Haz que ande en la verdad.

Mi día está terminando

Señor,
que nada turbe
el silencio de esta noche.

Que nada me espante.

Remueve el polvo de este día.

Perdona mis mentiras,
los mil modos en los cuales
hoy he negado,
de palabra y de obra,
que tú sólo
eres la fuente
de toda vida verdadera.

Purifica mis labios,
mi corazón, mi vida entera
de las falsedades,
del mezquino orgullo,
del amor propio,
que tan fácilmente,
tan persistentemente,
se introducen entre nosotros.

Llena mi noche con tu perdón,
con esa paz
que sólo es posible para aquellos
que andan en tu verdad.

Si yo ando en la verdad contigo, mi Señor Dios,
nada me faltará.

Sólo tú bastas.

Día quince

Mi día comienza

Todo este cimiento de la oración
va fundado en la humildad.
Mientras más se abaja
un alma en la oración,
más la sube Dios.
Una vez estaba yo considerando
por qué razón era
nuestro Señor tan amigo

de esta virtud de la humildad,
y se me puso delante,
sin considerarlo, sino de pronto, esto:
que es porque Dios es suma verdad,
y la humildad es andar en verdad.

Es muy grande verdad
no tener cosa buena de nosotros;
y quien esto no entiende, anda en mentira.

Quien más lo entienda,
agrada más a la suma verdad,
porque anda en ella.

Yo conozco a una persona
a quien nuestro Señor reveló
que cualquier cosa buena que hagamos
no tiene su principio en nosotros.

Más bien proviene de esta fuente de vida
cerca de la que el alma permanece
donde está plantado éste árbol de nuestras almas,
y de este sol que da calor a nuestras obras.

Se le representó esto tan claro que,
en haciendo alguna cosa buena o viéndola hacer,
acudía a su principio y entendía
cómo sin esta ayuda no podíamos nada.

¡Qué grandezas veremos
si mantenemos delante de nuestros ojos
nuestra fragilidad y miseria,
y reconocemos qué indignos somos
de ser los siervos de tan gran Señor,
cuyas maravillas sobrepasan
nuestra comprensión!

A lo largo del día

¡Humildad!

Mi día está terminando

Señor,
que nada turbe
el silencio de esta noche.
Que nada me espante.
Déjame entrar humildemente
en la oscuridad,
reconociendo
ante mi mismo y ante ti
que, por mi mismo, nada soy.
Déjame andar en esta dura verdad
aceptando mi propia fragilidad y miseria,
aun cuando tú abres mis ojos
a las incomprensibles grandezas y maravillas

que tienes reservadas
para aquellos que te siguen en verdad.

Puedo no tener nada por mí mismo,
pero si te tengo a ti, Dios,
nada me faltará.

Sólo tú bastas.

Día dieciséis

Mi día comienza

Quienes de veras
aman a Dios,
todo lo bueno aman,
todo lo bueno quieren,
todo lo bueno favorecen, todo lo bueno alaban,
con los buenos se juntan siempre
y los favorecen y defienden;
no aman sino verdades
y cosa que sea digna de amar.

¿Piensan que es posible,
quien muy de veras ama a Dios, amar vanidades?

Ni puede, ni riquezas, ni cosas del mundo,
ni deleites, ni honras, ni tiene contiendas, ni envidias;
todo porque no pretende otra cosa,
sino contentar al amado.

¿Esconderse?

¡Oh, que el amor de Dios
—si de veras es amor—
es imposible!

Si es poco, darse a entender poco, y si es mucho, mucho;
mas poco o mucho, como haya amor de Dios,
siempre se entiende.

Si ama mucho a Dios,
se da a entender mucho y de muchas maneras.

Es fuego grande, no puede sino dar gran resplandor.

Un amor que es fuerte y justo,
que crece durante el tiempo de nuestra vida,
que no hay razón alguna para que acabe,
un amor que es tan plenamente correspondido...
¿puede un amor como éste ser ocultado?

¿Cómo se adquirirá este amor?

Determinándose a obrar y padecer por Dios,
y hacerlo cuando se ofreciere.

Este amor no debe ser simplemente
algo que usted imagina,
algo que usted desea.

Debe quedar demostrado en obras
por medio de la determinación
de nuestra voluntad.

A lo largo del día
El amor no puede esconderse.

Mi día está terminando

Señor,
que nada turbe
el silencio de esta noche.

Que nada me espante.
Pero no es suficiente,
al caer la noche,
estar aquí recogido
a solas contigo,
arropado en tu serenidad.

Mi amor por ti
–sea mucho o poco–,
debe mostrarse cuando
se ofrezca la ocasión.

Mi amor no ha de ser fabricado en mi imaginación,
no debe ser algo en cuya calidez me cobije
en las horas conclusivas de este día.

Debo probarlo con obras.

El verdadero amor va más allá
de fervorosas palabras, dichas en la oración,
prometiendo hacer maravillas en tu servicio.

El verdadero amor por ti no debe –no puede–
esconderse.

Si te amo, Dios,
las palabras solas no bastarán.

Únicamente si obro por tu amor
nada me faltará.

Sólo tú bastas.

Día diecisiete

―――――― ‹‹◊›› ――――――

Mi día comienza

¡Oh Señor de mi alma y Dios mío!
¿Por qué no quisiste
que determinándose
un alma a amarte,
gozase enseguida de este amor perfecto?

Es que nos parece que lo damos todo,
mas ofrecemos a Dios la renta o los frutos
y nos quedamos con la raíz y posesión.

Nos determinamos a ser pobres
–y es de gran merecimiento–;
mas muchas veces volvemos
a tener cuidado y diligencia
para que no nos falte, no sólo lo necesario,
sino lo superfluo.

Parece también que dejamos la honra
en haber ya comenzado a tener vida espiritual
y a seguir la perfección,
y no nos han tocado en un punto de honra,
cuando no nos acordamos de que la hemos dado ya a Dios,
y queremos volver a alzarnos con ella,
y tomársela de las manos,
después de haberla ofrecido
voluntariamente al Señor

Así son todas las otras cosas.

Y luego queremos
servir a Dios
con muchas consolaciones.

Mas, porque no nos acabamos
de dar completamente y enseguida,
no se nos da todo junto
este tesoro de los dones de Dios.

Padre Celestial,
aun cuando somos tan caros y tan tardíos
de darnos del todo a vos,
que no acabamos de determinarnos,
concédenos gota a gota tus dones,
aunque sea costándonos
todos los trabajos del mundo.

A lo largo del día

La paciencia todo lo alcanza.

Mi día está terminando

Señor,
que nada turbe
el silencio de esta noche.

Que nada me espante.

Que mis temores dejen paso
al descanso tranquilo,
y mi timidez,
a la generosidad del corazón.

Por mucho que diga
que deseo darme del todo a ti,
la verdad es que calculo
la entrega de mi vida,
una gota por vez,

con la vana esperanza
de encontrar algún modo
placentero, fácil,
no tan determinado,
de llegar a conocerte, amarte y servirte.

Sigo tomando de nuevo el regalo que te ofrezco.

Cambia, te ruego,
mi mezquindad de corazón,
con un reflejo de tu generosidad.

Tú recompensarás cada ofrenda que te haga,
no importa cuán pequeña sea,
con el don infinito de ti mismo.

Y si te tengo a ti, Señor Dios,
nada me faltará.

Sólo tú bastas.

Día dieciocho

Mi día comienza

Para estas mercedes tan grandes
que el Señor me ha hecho a mí,
es la puerta la oración;
cerrada ésta,
no sé cómo las hará,
porque aunque quiera entrar
a regalarse con un alma, y regalarla,
no hay por dónde.

Si queremos que Dios
venga a nosotros,
¿por qué dejar la oración?

Por cierto,
si no es por pasar
con mayor trabajo
las pruebas de la vida,
yo no lo puedo entender,
y por cerrar a Dios la puerta
para que en ella
no les dé contento.

Cierto,
a los que tratan la oración,
el mismo Señor, por un poco de trabajo,
les da gusto para que con él pasen los trabajos de la vida.

Por lo tanto, entiendan el gran bien
que hace Dios a un alma
cuando la dispone a tener oración con voluntad,
aunque no esté tan dispuesta como es menester.

Si en ella persevera
—a pesar de los pecados y tentaciones
y caídas de mil maneras—,
tengo por cierto
que el Señor la lleva al puerto de la salvación.

He visto claro que no deja Dios sin premio,
aun en esta vida,
¡y qué gran premio,
que basta un momento de aquel gusto y suavidad
para quedar pagados todos los trabajos
que en la oración puede haber!

A lo largo del día

La oración es la puerta para que el Señor nos haga grandes mercedes.

Mi día está terminando

Señor,
que nada turbe
el silencio de esta noche.

Que nada me espante.

Que nada me distraiga
de pasar estos últimos
momentos del día
contigo, en oración.

Ayúdame a abrir la puerta
a través de la cual puedo vislumbrar tu presencia,
y a través de la cual tú puedes
entrar en mi alma.

Que no te deje fuera.

Aunque sea
por un momento,
aquí y ahora al final del día,
déjame silenciar las mil voces
que me impidieron recordar
a lo largo de esta jornada
que vivo siempre en tu presencia.

Bendíceme
con el don de la oración.

Con ella te tengo a ti, Dios;
nada me faltará.

Sólo tú bastas.

Día diecinueve

Mi día comienza

¿En qué consiste la más alta perfección?
No busques o esperes encontrarla
en deleites interiores o
en grandes raptos y visiones o
en el espíritu de profecía;
sino en estar nuestra voluntad
tan conforme con la de Dios,
que ninguna cosa

entendamos que quiere,
que no la queramos
con toda nuestra voluntad,
y tan alegremente tomemos
lo sabroso como lo amargo,
entendiendo que
lo quiere Su Majestad.
Ésta es la unión que yo deseo,
y no unos embebecimientos
muy regalados que hay,
pues si después de esa suspensión
queda poca obediencia
y propia voluntad,
unida con su amor propio
me parece a mí

que estará el alma,
que no con la voluntad de Dios.

Parece dificultosísimo
este contentarnos
con lo que en todo
nuestra voluntad contradice
a nuestra naturaleza;
y así es verdad que lo es.

Mas esta fuerza tiene el amor,
si es perfecto:
que olvidamos nuestro contento
por contentar a quien amamos.

A lo largo del día

La perfección no consiste en sentirse bien,
sino en hacer la voluntad de Dios.

Mi día está terminando

Señor,
que nada turbe
el silencio de esta noche.

Que nada me espante.

Llego al final de un día común,
un día en el que no he tenido
gozos interiores muy importantes,
ni grandes éxtasis o visiones.

Ha habido momentos
amargos y sabrosos.

He tratado de aceptar todo
lo que se ha presentado en mi camino,

haciendo lo mejor que pude
para conformar mi voluntad
con tu voluntad, mi Señor Dios,
de modo que no hubiera nada
que entendiera tú quisieras,
que no quisiera yo
con toda mi voluntad.

Porque si te tengo a ti, Dios,
nada me faltará.

Sólo tú bastas.

Día veinte

Mi día comienza

Ayuda mucho en este camino
animarse a grandes cosas,
porque a menudo nuestras acciones
comienzan con nuestros pensamientos y sueños.

Tener granddes deseos no es orgullo.

Luego nos hace entender
que las cosas de los santos
son para admirar,

mas no para hacerlas
los que somos pecadores.

Tengamos gran confianza,
porque conviene mucho
no apocar los deseos,
sino creer de Dios que,
si nos esforzamos,
poco a poco
–aunque no sea luego–
podemos llegar
a lo que muchos santos con su favor;
que si ellos nunca
se determinaran a desearlo
y poco a poco a ponerlo por obra,
no subieran a tan alto estado.

Quiere el Señor
y es amigo de almas animosas,
como vayan con humildad
y ninguna confianza de sí.

No fracasemos en alcanzar
nuestro destino espiritual
porque hayamos sido demasiado temerosos,
demasiado cautelosos en nuestros deseos,
por haber buscado demasiado poco.

Es verdad que podría tropezar
por tratar de hacer mucho demasiado rápido,
pero también es cierto que nunca tendré éxito
si espero muy poco,
o si, por miedo a fracasar,
ni siquiera comienzo.

A lo largo del día

No apoques tus deseos.

Mi día está terminando

Señor,
que nada turbe
el silencio de esta noche.

Que nada me espante.

Ahora que la oscuridad
me esconde
con nadie más que tú
para escuchar mis plegarias,
no permitas que tema
soñar grandes sueños,
ni animarme a grandes cosas.

Con sólo tú para oírme,
puedo ser tan audaz como necesito ser,

tan animoso
como mis sueños permitan,
tan fiel
como tu amor por mí lo espere.

Quiero hacer algo más
que admirar a tus santos;
quiero ser uno de ellos.

No me dejes pecar,
apocando mis deseos.

Si te tengo a ti, Dios,
mis oraciones serán escuchadas,
mis deseos realizados.

Nada me faltará.

Sólo tú bastas.

Día veintiuno

―――――◆―――――

Mi día comienza

Nuestro Señor me dijo una vez,
consolándome,
que no me fatigase,
que en esta vida no podíamos
estar siempre en un ser,
pues la vida del espíritu no va por un camino llano;
que unas veces tendría fervor
y otras estaría sin él;
unas veces

estaría con desasosiegos,
y otras con quietud
y tentaciones,
mas que esperase en él
y no temiese.

No entendemos
nuestras propias necesidades
o lo que deberíamos pedir.

Dejémosle todo a nuestro Señor,
que nos conoce mejor
que nosotros mismos.

Un corazón humilde
está contento con lo que se le da,
y no espera favores especiales
como si fueran un derecho.

¿Pero qué haré, Señor,
si en muchos días no hay en mi oración
sino sequedad y disgusto y desconsuelo,
y aun no podré tener un buen pensamiento
y me resulta casi imposible buscarte?

Creo que es lo mejor
rendirse del todo a que no podemos nada
por nosotros solos,
y entender, en otras cosas meritorias,
porque por ventura nos quita el Señor la oración,
para que entendamos y conozcamos por experiencia
lo poco que podemos por nosotros mismos.

Alégrense y consuélense
y tengan por grandísima merced
de trabajar en huerto de tan gran Señor.

A lo largo del día

Es bueno que nos sintamos débiles.

Mi día está terminando

Señor,
que nada turbe
el silencio de esta noche.

Que nada me espante.

Como quiera que este día
se haya ido,
no me dejes estar ni desanimado
ni presuntuoso.

No podemos estar en un ser;
la vida del espíritu no va
por un camino llano.

No sabemos
qué es bueno para nosotros,

qué deberíamos pedir
en un día determinado,
en un momento dado.

No importa que hayamos estado
fervorosos o desasosegados,
en paz o sacudidos por la tentación,
arrobados en oración o sin palabras en ella.

Lo que importa es,
como quiera que haya sido mi día,
como sea que me encuentre
al venir la oscuridad,
que yo espere sin cesar en ti y no tema.

Porque si te tengo a ti, Dios,
nada me faltará.

Sólo tú bastas.

Día veintidós

Mi día comienza

Una vez, estando en oración,
me vi en un gran campo a solas,
y en rededor de mí mucha gente
que me tenían rodeada de diferentes maneras.

Todas me parece tenían armas en las manos
para ofenderme: unas, lanzas; otras, espadas;
otras, dagas, y otras, estoques muy largos.

En fin, yo no podía salir por ninguna parte

sin que me pusiese en peligro de muerte,
y sola, sin persona que hallase de mi parte.

Estando mi espíritu en esta aflicción,
que no sabía qué hacer, alcé los ojos al cielo,
y vi a Cristo,
no en el cielo, sino bien alto de mí en el aire,
que tendía la mano hacia mí,
y desde allí me favorecía,
de manera que yo no temía
a toda la otra gente;
ni ellos, aunque querían, me podían hacer daño.

Parece sin fruto esta visión,
y me ha hecho grandísimo provecho,
porque poco después me vi en un ataque similar,
y conocí ser aquella visión un retrato del mundo,

que cuanto hay en él parece tiene armas
para ofender a la triste alma.

Me vi después de todas partes tan apretada,
que sólo hallaba remedio
en alzar los ojos al cielo y llamar a Dios.

Me acordaba bien de lo que había visto en esta visión,
y me hizo harto gran provecho
para no confiar mucho de nadie,
porque no le hay que sea estable sino Dios.

Siempre en estos trabajos grandes
me enviaba el Señor,
una persona de su parte que me diese la mano,
como me lo había mostrado en esta visión,
para que no me asiera a nada o a nadie,
sino nada más procurara contentar al Señor.

A lo largo del día

Sólo Dios basta.

Mi día está terminando

Señor,
que nada turbe
el silencio de esta noche.

Que nada me espante.

Porque
en cualquier momento de prueba,
tú, mi Señor Dios,
enviarás siempre a alguien
que me ayude.

Puedo depender de ti.

Tú siempre estás ahí.

Rodeado por todas partes,

o sacudido desde adentro,
conociendo que no puedo
hacer nada por mí mismo,
puedo todavía
alzar mis ojos al cielo
y llamarte.

Déjame llegar al final de este día
recibiendo la oscuridad en paz,
sabiendo que no tengo
nada que temer.

Porque si te tengo a ti, Dios,
nada me faltará.

Sólo tú bastas.

Día veintitrés

Mi día comienza

No tengan miedo,
mis hermanos y hermanas,
de que cuando digan a Dios:
"hágase tu voluntad",
no les dé riquezas,
ni deleites, ni honras
ni todas estas cosas de acá;
no los quiere tan poco
y tiene en mucho lo que le dan,

y quiere pagárselos bien,
pues les da su reino
aún viviendo.

¿Quieren ver cómo trata Dios
a los que de veras le dicen esto?

Pregúntenle a su Hijo glorioso,
que se lo dijo
cuando la oración del huerto.

Como fue dicho con determinación
y de toda voluntad,
miren si la cumplió bien en él
en lo que le dio de trabajos y dolores,
e injurias y persecuciones,
hasta que se le acabó la vida
con muerte de cruz.

Pues ven aquí, mis hermanos y hermanas,
a quien más amaba lo que dio,
por donde se entiende cuál es su voluntad.
Así que éstos son sus dones en este mundo.

Da conforme al amor que nos tiene,
y conforme al ánimo que ve en cada uno
y al amor que tenemos a Dios.

A quien le amare mucho,
verá que puede padecer mucho por él;
al que amare poco, poco.

Tengo yo para mí,
que la medida del poder llevar
gran cruz o pequeña,
es la del amor.

A lo largo del día

Que nunca olvide
cómo Dios respondió
a la oración de su propio Hijo.

Mi día está terminando

Señor,
que nada turbe
el silencio de esta noche.

Que nada me espante.

Y al acabar este día,
que no tenga
miedo de rezar
"que se haga tu voluntad"
en mi vida.

Pero no dejes que diga
esta oración demasiado fácilmente,
olvidando cómo respondiste
a las plegarias de tu propio Hijo.

No debería esperar
que me des riquezas,
ni deleites, ni honras
ni todas estas cosas de acá;
Más bien,
tú puedes responderme
como respondiste
a tu Hijo glorioso.

Aún así, mi Padre celestial,
"que no se haga mi voluntad
sino la tuya".

Porque si te tengo a ti, Dios,
nada me faltará.
Sólo tú bastas.

Día veinticuatro

―――――◄◄◊►►―――――

Mi día comienza

Si no han comenzado a tener oración mental,
por amor del Señor les ruego yo no carezcan de tanto bien.
No hay aquí que temer, sino que desear;
porque, aun cuando no fueren muy adelante
y se esforzaren a ser perfectos,
que merezcan los gustos y regalos
que a los santos da Dios,
de a poco, irán entendiendo el camino para el cielo.

No es otra cosa
oración mental,
a mi parecer,
sino tratar de amistad,
estando muchas veces tratando a solas
con quien sabemos nos ama.

Todo el que persevere buscando la amistad con Dios
es ampliamente recompensado.

No cometan el error de creer, como algunos que he topado,
que está todo el negocio en el pensamiento,
y si éste puede tener mucho en Dios,
luego les parece que son espirituales;
y si se distraen, no pudiendo más,
luego les viene gran desconsuelo
y les parece que están perdidos.

Si se les ha dado la gracia
de discurrir mucho con el entendimiento,
sean agradecidos.

Pero si, como yo,
no pueden obrar con él, no hay que avisar,
sino que tengan paciencia, hasta que el Señor les dé
en qué se ocupen y luz.

Represéntense delante de Cristo,
y sin cansancio del entendimiento
esténse hablando y regalando con él,
sin cansarse en buscar razones
para comprender lo que los sobrepasa.

No culpen a sus almas,
porque no está la cosa en pensar mucho,
sino en amar mucho.

A lo largo del día

Que nada me espante.

Mi día está terminando

Señor,
que nada turbe
el silencio de esta noche.

Que nada me espante.

Y en la oscuridad
que se avecina,
deja que me distienda
en tu presencia.

No hay aquí que temer,
sino que desear.

Porque, aunque
yo no fuere adelante
y me esforzare

a ser tan perfecto,
que merezca los gustos y regalos
que tú das a los santos,
de a poco iré entendiendo el camino para el cielo.

Recuérdame que aquí,
en los momentos conclusivos de este día,
estoy en tu presencia.

No necesito seducirte
con grandes pensamientos
o profundas visiones interiores,
porque no está la cosa en pensar mucho,
sino en amar mucho.

Si te amo a ti, Dios,
nada me faltará.

Sólo tú bastas.

Día veinticinco

Mi día comienza

En mil vidas de las nuestras
no acabaremos de entender
cómo merece
ser tratado este Señor,
que los ángeles tiemblan delante de él.
Todo lo manda, todo lo puede, su querer es obrar.
Por lo tanto, en llegando a la oración, lléguense a pensar
con quién van a hablar o con quién están hablando.

Porque el que viene a la oración
y no advierte con quién habla y lo que pide,
y quién es el que pide y a quién,
no la llamo yo oración,
aunque mucho menee los labios.

Aunque algunas veces sí será,
aunque no lleve este cuidado,
mas es habiéndole llevado otras.

Mas quien tuviese de costumbre
hablar con la Majestad de Dios
como hablaría con su esclavo,
que ni mira si dice mal, sino lo que se le viene a la boca
y tiene aprendido por hacerlo otras veces,
no la tengo por oración.

Para meditar ustedes pueden necesitar un libro.

Yo estuve más de catorce años
que nunca podía tener meditación sino junto con lección.

Habrá otras personas que –aunque sea con la lectura–
no pueden tener meditación,
sino rezar vocalmente, y aquí se detienen más.

Yo conozco una monja que no puede tener
oración mental.

Lo más que puede es, poco a poco,
detenerse en las Avemarías y Padrenuestros.

Es importante entender
que nuestro Padre no nos lleva a todos
por los mismos caminos.

Aquellos que parecen ser los menos favorecidos,
pueden ser los más grandes
a los ojos de Dios.

A lo largo del día

Que no olvide a quién
y en presencia de quién
estoy rezando.

Mi día está terminando

Señor,
que nada turbe
el silencio de esta noche,
ni mi deseo de venir ante ti.

Que no me sienta
avasallado por tu presencia,
silenciado por mi fragilidad,
o reducido,
como tantas veces lo estoy,
a murmurar frases conocidas
para suplir mi falta de palabras.

Acéptame como soy,
con lo que tengo para dar.

Padre Celestial,
tú no nos conduces a todos
por el mismo camino.

Aquí en tu presencia,
toma mi anhelo
de hablar con vos,
y las palabras que tengo,
y haz de ellas una plegaria
digna de tu amor por mí.

Si te tengo a ti, Dios,
nada me faltará.

Sólo tú bastas.

Día veintiséis

Mi día comienza

Una vez entendí estas palabras:
"Mientras se vive, no está la ganancia
en procurar gozarme más,
sino en hacer mi voluntad".

Mis hermanos y hermanas,
que la voluntad de Dios,
a quien pertenecemos,
se cumpla en nuestras vidas.

Esto significa abandonarnos
en las manos de Dios,
haciendo lo mejor
con nuestros dones,
olvidando
en cuanto sea posible
nuestro propio interés,
y renunciando enteramente a nosotros mismos.

Servir a Dios en verdad es olvidarnos de nosotros mismos,
de nuestras ventajas, nuestro bienestar,
y nuestra felicidad aparente.

Deberíamos hacer un don de nuestros corazones,
vaciándolos de nosotros mismos
para que puedan ser llenados por Dios.

¡Qué fuerza tiene este don!

No puede menos, si va con la determinación que ha de ir,
de traer al Todopoderoso a ser uno con nuestra bajeza
y transformarnos en sí y hacer una unión
del Criador con la criatura.

¡Qué deseable es esta unión!

Alcanzarla es vivir en este mundo y en el otro
sin cuidado de ninguna clase.

No hay fórmula secreta, oculta o misteriosa.

Nuestro único bien
consiste solamente en hacer la voluntad de Dios.

Pero Dios no forzará nuestra voluntad.

Tomará lo que le demos.

Mas no se nos dará del todo
hasta que nos hayamos dado del todo a él.

A lo largo del día

**Que la voluntad de Dios
se cumpla en mi vida.**

Mi día está terminando

Señor,
que nada turbe
el silencio de esta noche.

Ayúdame a tomar valor
de tu presencia amorosa
en la oscuridad que me rodea
al final de un nuevo día.

No dejes que tenga miedo
de unir mi vida a la Tuya,
de vaciar mi corazón
para hacerte lugar.

Tú no forzarás
tu presencia en mí.

Irás solamente
donde se te invite
y se te reciba.

Para hacerte un don
completo de mi corazón,
necesito más valor
del que tengo,
necesito la fuerza
que sólo tú puedes dar.

Escucha mi oración.

Si te tengo a ti, Dios,
nada me faltará.

Sólo tú bastas.

Día veintisiete

Mi día comienza

En cuanto a mí,
si me dieran a elegir,
siempre elegiría
el camino del padecer.
No sólo
porque me permite imitar
el camino de Jesús,
sino porque trae consigo
muchas otras bendiciones.

¡Oh, qué gran cosa
es donde el Señor
da esta luz de entender
lo mucho que se gana
en padecer por él!
No se entiende esto bien
hasta que se deja todo,
porque quien está apegado a algo,
señal es que lo valora;
y entonces,
por fuerza le ha de pesar dejarlo,
¿y qué más perdición, qué más ceguedad,
qué más desventura
que tener en mucho lo que no es nada?
Esto me dijo el Señor un día:

"Cree, hija,
que a quien mi Padre
más ama,
da mayores trabajos,
y a éstos responde el amor.
¿En qué más te le puedo mostrar
que querer para ti
lo que quise para mí?".

¿Saben qué es ser
espirituales de veras?
hacerse esclavos de Dios,
señalados con su hierro que es el de la cruz.

Dios no nos puede hacer mayor merced
que darnos vida que sea imitando
la que vivió su Hijo tan amado.

A lo largo del día

Las pruebas son
la medida del amor de Dios.

Mi día está terminando

Señor,
que nada turbe
el silencio de esta noche.

En esta quietud
déjame comenzar
a desprenderme
de los mil apegos triviales
de los cuales
he llegado a depender,
sobre los cuales
he construido mi vida
y hecho descansar
mis esperanzas.

Desapegarme de lo que he llegado
a tener en algo
por fuerza me ha de pesar.

¿Pero qué más perdición,
qué más ceguedad,
qué más desventura
que tener en mucho
lo que no es nada,
apegarse a lo que no tiene valor?

Pero si me desprendo,
te tendré a ti, Dios.

Nada me faltará.

Sólo tú bastas.

Día veintiocho

Mi día comienza

Mi amor y confianza en el Señor
no han cesado de crecer
desde que vi que aunque era Dios, era Hombre,
que no se espanta de las flaquezas de los hombres,
que entiende nuestra miserable compostura,
sujeta a muchas caídas.
Puedo tratar como con un amigo,
aunque es Señor,

porque entiendo
no es como los que acá
tenemos por señores,
que todo su señorío ponen
en autoridades postizas.

Ha de haber horas de hablar,
y señaladas personas que los hablen.

Si es algún pobrecito
que tiene algún negocio,
más rodeos y favores y trabajos
le ha de costar tratarlo.

¡Oh Rey de la gloria
y Señor de todos los reyes!
¡Cómo no se necesitan terceros
para hablar con vos!

¡Oh, qué buen Dios!
¡Oh, qué buen Señor, y qué poderoso!
Es amigo verdadero.
Siendo sierva de este señor,
¿por qué no he de tener fortaleza?
Levántese contra mí todo el mundo;
no me faltará el Señor.
Pues tenemos de nuestra parte
un Rey todopoderoso,
y tan gran Señor que todo lo puede
y a todos sujeta,
no hay que temer,
andando en verdad
delante de Su Majestad
y con limpia conciencia.

A lo largo del día

Dios es amigo,
mi único verdadero amigo.

Mi día está terminando

Señor,
que nada turbe
el silencio de esta noche.

Que nada me espante
de permanecer aquí en tu presencia,
con mi humanidad expuesta.

Porque tú eres Dios,
tú no te espantas
de mis flaquezas,
de mis continuas caídas.

Tú eres mi Dios,
pero también mi amigo.

Tú estás de mi parte,
nunca me faltarás.

Aquí en la inminente oscuridad,
me siento capaz de
enfrentar el mundo entero,
si se levantara contra mí.

Porque si te tengo a ti, Dios,
nada me faltará.

Sólo tú bastas.

Día veintinueve

Mi día comienza

Hay momentos en que desearía
tener mil vidas para gastarlas por Dios,
en que ninguna penitencia o padecimiento
me parece demasiado riguroso.

Y a menudo, cuando se ofrece la ocasión,
estos deseos se manifiestan verdaderos.

Pero no puedo decir que
estos deseos permanecen conmigo,
porque a veces mi alma se vuelve cobarde

en las cosas más triviales,
y se atemoriza demasiado
para acometer alguna obra por Dios.
¿Nunca lo han visto por ustedes mismos?

Unas veces me parece que estoy muy desasida,
y en hecho de verdad, venida la prueba, lo estoy;
otra vez me hallo tan asida, y de cosas que por ventura
el día anterior burlara yo de ello,
que casi no me conozco.

Otras veces me parece tengo mucho ánimo
y que a cosa que fuese servir a Dios no volvería el rostro;
y probado es así que le tengo para algunas;
otro día viene que no me hallo con ánimo
para matar una hormiga por Dios,
si en ello hallase contradicción.

Así, unas veces me parece
que de ninguna cosa que murmurasen
ni dijesen de mí, no se me da nada,
y probado, algunas veces es así.

Vienen días que sóla una palabra me aflige
y querría irme del mundo,
porque me parece me cansa en todo.

Tú, mi Señor, sabes cómo es esto.

Ten compasión de mí.

Concédeme cumplir algunos de mis sueños
para mayor gloria y honra tuya.

No me deseches totalmente.

Porque con tu fuerza puedo resistir mucho,
pero sin ti nada puedo hacer.

A lo largo del día

Dios no se muda.

Mi día está terminando

Señor,
que nada turbe
el silencio de esta noche.

Es fácil,
aquí, solo,
envuelto en tu presencia,
prometerte el mundo
y mi corazón entero.

Pero mañana
puedo volver
a ser cobarde,
aferrándome
desesperadamente

a las cosas
que esta noche
no tienen importancia.

Ten piedad de mí,
aún cuando digo mis valientes
y generosas oraciones.

Concédeme que pueda cumplir,
para mayor honra y gloria tuya,
al menos algunos de mis sueños,
y superar en parte mi cobardía.

Porque en lo profundo
de mi alma y corazón,
te deseo sólo a ti, Dios.

Sólo tú bastas.

Día treinta

Mi día comienza

Mi Dios, que eres
la caridad, el amor mismo.
Ayúdame a amarme
a mí mismo en ti,
por ti y para ti,
y a mi prójimo por amor tuyo.
Que pueda poseerte a ti
como mi único tesoro

y mi única gloria,
mucho más preciado
que todas las criaturas.

Concédeme que me regocije
en el amor perfecto que me tienes
y en el amor eterno que recibes
de todos los ángeles y santos
que te ven cara a cara.

Que mis prójimos
puedan ser capaces
de llevar sus cargas
como deseo poder llevar las mías.

Que no se preocupen
por nada más que por ti,
y sólo por aquellas cosas

que los conducirán a ti.

Sobre todo,
ayúdame a recordar siempre
que no tengo más de un alma,
ni he de morir más de una vez,
ni tengo más de una vida breve y una,
que es particular,
ni hay más de una gloria, y ésta eterna.

Si hago esto,
como tú has prometido,
habrá muchas cosas
de las que no me preocuparé en absoluto,
y viviré con gran paz.

Nada me turbará.

A lo largo del día

Para mí la vida es Cristo
y una ganancia el morir.

Mi día está terminando

Oh Señor,
en el silencio de esta noche
déjame oír la voz de mis prójimos,
tantas veces ahogada
por el clamor de mis propias necesidades.

No permitas que me engañe pensando
que puedo escuchar tu voz
si no escucho la de ellos.

Tú me hablas en la voz de mi prójimo.

No puedo decir que te amo,
si no los amo a ellos
como a mí mismo.

Ayúdalos, te ruego,
a llevar sus cargas,
así como espero,
con tu ayuda,
poder llevar las mías.

Tú has prometido,
que habrá muchas cosas
de las que no tendremos
que preocuparnos,
que viviremos con gran paz,
y nada nos turbará.

Porque si te tenemos a ti, Dios,
nada nos faltará.

Sólo tú bastas.

Una palabra final

Este libro fue creado para ser sólo una puerta: un paso a la sabiduría espiritual de un maestro específico, y un acceso hacia tu propio camino espiritual.

Puedes decidir que Teresa de Ávila es alguien con una experiencia de Dios que deseas seguir de cerca y más profundamente. En ese caso, deberías leer más. Hay abundante material escrito por y acerca de esta mística extraordinaria y doctora de la vida espiritual.

Sus propias obras, entre ellas su autobiografía, constituyen varios volúmenes. Y por siglos, estudiosos y místicos han escrito acerca de sus enseñanzas.

Puedes decidir, por el contrario, que su experiencia no te ha ayudado. Bien, hay muchos otros maestros. En algún lugar, se encuentra el apropiado para tu viaje del espíritu, absolutamente único y personal. Encontrarás tu maestro, descubrirás tu camino. No estaríamos buscando, como nos recuerda san Agustín, si no hubiéramos sido ya encontrados.

Una cosa más debe ser dicha. La espiritualidad no debe entenderse como una absorción en sí mismo, una relación encapsulada entre "Dios y yo". A la larga, para que tenga sentido, para que crezca y no se marchite, debe ser un manantial de vida compasiva. Debe alcanzar a los demás, como Dios nos ha alcanzado a nosotros. La verdadera espiritualidad derriba los muros de nuestras almas y deja que entre, no sólo el cielo, sino el mundo entero.